ENRIQUE DARRIBA

Columnario

Editorial Dilema
Madrid, 2024

Colección de poesía dirigida por Antonio Ortega

© Enrique Darriba, 2024
© Editorial Dilema, 2024
Ibáñez Marín, 11 - 28019 Madrid
Teléfonos: 91 472 90 71 y 670 36 74 79
info@editorialdilema.com
www.editorialdilema.com
ISBN: 978-84-9827-675-6
Depósito Legal: M-20470-2024

Diseño de colección: María Pérez-Aguilera
Diseño de portada: Esther Hernández
Maquetación: JMPG - jmpg731@gmail.com

Columnario

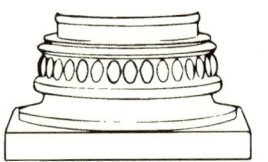

Salmodia, palabra expuesta a fuego alcanza los flancos, es roca baluarte, vuelco de aguacero sobre sus vestigios, *así el no compendio, el no propósito*, preguntarse: qué advierte, qué en nombre creador, la profecía que trae del sueño erial donde disponer, *hasta el surgimiento*, como alas que se ciernen o manos fiando a ellas las corrientes.

Bajo un lodo largamente aquietado, *de nubes o jaspes, el modo en que se ofrecen al quebrar los ejes de luz,* cada instante haciéndose su invierno, su poso endurecido, *trasluciente,* mar donde los ojos fondean blancos o crestas a las que herir.

Cuanto hace suma (provisión), *o la magnitud de lo desconocido*, lo que se atesora lúcido para su ofrenda, como avispas arden entre las zarzas o la presencia deviene en tiempo *(razón de ensueño)*, cima refugio sobre la planicie ventanal.

El límite de bruma llena el surco de la herida,
*el modo de unión, de unción, mediante
reminiscencia,* si alcanzar el contrario, el
quehacer de lo otro sus periodos de claustro
(elevarse en penumbra), si del valor o del
método, del engarce hasta crearlo imagen de
sí, *la semejanza la partida.*

Trepidar de fragua, *en el afloramiento cimiento sobre el que construir*, como la tierra para el nombre, como el símbolo un pájaro rojo (su cortadura), *los ciclos y el luminar, la inercia*, azogue de esporas ciega las grietas.

En derrame, o disponerse esquivo y decir solo
azar (se pertrecha según es observado), *la
frase se reconstruye y regresa voladiza al libro*,
con hábito de oleaje desgaja cuanto brilla en
sus crestas sus cuencas, *así las fronteras, los
vendales (los venajes), hasta concluir.*

Avelevantaelvuelo, su plumaje batiente, *si interpretar lo escondido, los errores a pie de plano*, si componer un perímetro sin exterior (sin orbe), *la escala correcta, la sustentación o pertinencia por cuanto los símbolos aceran (corroborar el olvido)*, por cuanto al correr del fuego, la sonoridad con que irrumpe (se anuncia), *o las reglas que definen el gesto, su trama.*

En tromba, destellos artefactos, *la incertidumbre*
un cuerpo vacío o el proceso al abatimiento,
campo de operaciones donde diseminarse
larvarios, *donde el tiempo sus espejos de*
multiplicación (presentir hasta consumar), el
tacto sin objeto, sin ilación (lanza de agua,
de sol), dolor en la mirada y a la pregunta si
acordar destino, si desandar.

En tanto el designio, *la expresión blandea o su insistencia hasta la floración, su valor imaginario, para el logro,* así abastecer de frío la estancia (la herida asidero) o allanarse crepuscular.

Expuesto a su propia materia (la memoria
su trasluz) hasta la sudación de la palabra,
en avidez de fauces, en cuanto decir querer,
como de color de agua o brasa, colmar el deseo
en el duermevela y en sus páramos al abrigo,
la acumulación en los ojos (sus escollos)
mientras el mar despliega.

Toda forma, filos ramajes se abren, toda forma y quiebra escudo, *donde decir la ocultación,* donde ahormarse, acopiar rescoldo, *su desarrollo de hielo su fárrago, luego en vetas y mantos fundentes (desmoronadizos),* o las naves por mano del viento, sobre rodales secos, *límites horizontes alzados en llama.*

La cumbre, al doblegar la mirada (vacío que
de sí alienta o certeza en el espejismo), *si la
oportunidad en el azar y lo que se demora al
nacer amustia tierno, para su remisión,* como
se arracima en la urgencia y la lengua engrosa
en roca por tanta palabra al morir.

Augurio, o retrocede la luz hiriendo al cuerpo, *las líneas de partida los planos de juntura,* cuanto se sucede en ristra y se acumula rompiente (el efecto impone la causa), es la calma planicie, el tiempo lápida, *como las rocas al rizarse manantial las copas al verterse en nubes sumideras.*

Largos gestos fluviales (cimiento del ensueño),
*el árbol ramifica venoso o un apremio de alas
por mejor huir,* reconocerse en el nudo de sus
huellas, en la tensión del nervio al tejer la sed
de la roca (el intervalo del guiño la retina
impacta).

Raíz fluente, *si el amoldamiento, si el rescoldo o la ceniza, sus aguas túrbidas,* lo que resta bajo los derrumbes, si al reproducir el caos qué su piel movediza qué la presencia que se aviva, que se encostra y en suspenso.

El sol en la acequia y en los pliegues blancos,
su multiplicación en tanto la llaga su lecho:
a mesa de ausentes perdura el murmullo *(se
usa por derramar),* blandir el hierro dulce su
estela, como al romper de la tierra el aliento
virgen, *la norma que rige lo inmóvil (la
distancia abstrae),* así la urgencia en la purga,
en la voz que prende en reguero, que se hinca
enjambre.

El mar en sus recovecos cómo a él todo se ciñe, *donde los días su exterminio,* donde agostarse, proceder al desangrado las olas su descortezamiento, también significa desvenar, también por subsumir, por semejanza o a fuerza de imitación.

Como para la tierra se prepara la lluvia para
los ojos el sol, según lo dictado (su interior
boscoso), lo que encarnece tras pensarse,
fondo y balsa, *torturar el punto hasta la fuga el
apremio hasta la omisión (visiones encandecen
filamentos)*, se imita transparente en su canto,
su escala de grises, o dolor a lo desconocido y
siempre zarpar.

Lumbre de nubes filigrana, o un exterior donde
ahondarse luego desvanecerse en esquirlas, un
cauce el trazo, *en cuanto el valor del signo el
cuerpo que se orilla inmóvil,* rostro sin muesca su
fárfara protectora su escarpa, *criba de lluvia.*

La estancia que habita, *calor sedante y el viento en los silos,* sombra de fuego corre techos y ventanas, hila en vuelo tras los muros, prende sonoro.

Perderse entre líneas como entre lienzos de lluvia (cuanto la visión entrama), *el método para el descamino,* ennubarse hasta arrebolar luego dilatarse en dunas, en cenagal espejo, principio y rúbrica (donde dicen casualidad), *del mismo modo la argucia, del mismo modo agradecer, engrandecer,* como el tiempo se devana en los sillares, acostumbrarse a la celda por no llegar el día.

Del seguimiento, reverso y faz, *si por bien es dejarse ir, forjarse espuma entre cuerpos en derrumbe*, si parecer a la vista o significa profusión, significa amanecer en el cristal más allá el mar, *labranza que el viento ejerce sobre él.*

De los deseos, *los principios a seguir según lo dictado,* así no en todo nacer no en todo mensurable, aun de los restos, *así vale también por desplegar, por enceldar, vale por nubes contra el deslumbramiento por señal de agua,* solar de mutilación aflora la senda bajo las huellas.

Entre fuegos, órganos laxos bandean, entre fuegos *(su equidistancia), la sustentación del reflejo,* morder los bordes hasta la llaga crepitar *(mímica y seña), la sucesión, estrategia a seguir en tanto juego de artificio,* en tanto luz membrana se tensa, se agrupa larval y en espera.

Contraforma, *por su perfección, así vaticinio de perpetuidad así doblegar,* rutina de las horas, práctica de la quimera *(si de captura y muerte), de asombro,* la fisonomía exigua o cabello en yema por causa de lluvia.

Incurrir en lo otro, sendero a propósito de quien observa, de quien tienta la flor del nervio, *las líneas fronterizas su quiebra,* la demora en el haber (reconstruir con lo olvidado), *si el tajar dócil o la herida horizonte de contención,* cuanto se acumula en el párpado se impronta durante el sueño.

Lombricean nidales, *la angostura del trazo procura el final,* es réplica de astros la noche, juego de augur camino albo, *sobre las aguas el escalofrío conforma laberinto,* la piel su transmutación y quiebra, su continuo musical (timbre de insectos en las copas).

A resguardo *(el sol, se dice, purifica el aire de la estancia), si la respiración turbia, la sangre su parsimonia en el confinamiento, en el languidecer,* trance hasta rasgar (aflora el tinte de la brasa, pone en olvido), se dice, viento que guía entre muros, que vuelve en paso de nadie.

Ante la pregunta si la extinción, *si persistir dar alcance, el motivo de cuanto se torna ensueño sedimento, simiente que borbota en las cuencas,* para dar fe, la velocidad de un cuerpo que cae entre su principio y azar (en tanto que confluencia, que incisión o lugar que ocupa), *el impulso y la réplica, la sed y la tierra su propósito.*

Días donde volver, *como embravece la mirada,*
su cuantía, en áridos finales arracimarse, en
aceros trepidar (la reverberación sola se tiene),
si lugar y tiempo por cumplir, dar fe, o el dolor
cruje su cáscara para el escape, el fondo manto
para enraizar: bajo la fatiga del incendio sus
restos nunca fueron.

Cuerpos sus fronteras, *espacio sin fuga para disponer la sombra,* como naturaleza opone, como la cuerda al ser pulsada el observador su deleite, *si las medianías donde es posible presentir (sol y escudo),* ríos cabelleras la faz desde el umbral, desde el tiempo coágulo, hechos los oídos al tañido, los pensamientos a sus quehaceres de numen.

El proceso de semejanza (su trabado), donde
nadie al encuentro y en sí escarba memoria
(avanza hasta su proyección), *su compostura,*
luego la brecha con que ahondar penumbra,
disponer la tierra en tanto el peso de lo que
acoge, si extraño de sí, o nadie habita nadie.

Labor de artificio o testigo de nada, *amalgama*
y dilución, cuanto se opone simétrico, cuanto
se edifica arbóreo y desprende en griterío,
pues la magnitud de lo ignorado, *el ritual sus*
ritmos, o perspectiva sin armazón en el acopio
encostra, cervical confluye.

Valle de agua, *de edad en edad entrañar el tedio,* los huesos en rimero el pensar dulce el descamino, principio y fin, acorazarse acantilado y brotar asperón *(música concita),* en sí se sustenta.

Lo afín, se dice, avienta y amontona en el oído, que la distancia se ciñe al objeto hasta cerrarse en domo (su volumen creciente), *en tanto la imagen sus designios (simulación),* como el vano es propicio al sesgo, es barro germinal, *pues el recuerdo o lamento de sí (lo oculto y su práctica),* lumbre restalla cadente a su través.

Salvaguarda, o remanso de sepulcro, si a la respuesta dolor que desconoce causa, que se orilla en sigilo (invocación y trance), *el significado de los gestos,* como el filo que delimita el tacto o la senda donde caminar afán *(silencio su añadidura),* rutina del signo o temblor que horizonte se propaga.

Como germinar se eleva, *y el sonido su articulación (su juntura),* la tensión al crear o en sus bordes se desgrana, trama enjambre de viento o hierba donde amanecer, *el hierro deja su zozobra a fuerza de luz una siembra en los ojos,* en la oquedad hasta encenagar, hasta quemarse anhelo.

A propósito si lo semejante, lance de carne,
a propósito de la demora, del trance, *su área
de incertidumbre (lugar vacío), la resistencia
o viso de las cosas, especie o afecto,* el
ceremonial al urdir el agua, *si la dilación,* si
cuanto engarza en eco, en cadena vertebral,
soporte y cifra.

Singladura silenciosa (los sueños encarnecen),
amanecer y su algarabía, *todo tiempo refugio,*
todo propósito, en incursiones vendavales
borrar el espejismo (si mensurable), rendir
culto a las cosas, alzarse en mar pedestal.

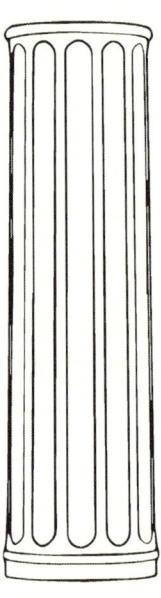

no fuera el
mismo y
calla el mar
apenas nombrado
el mar
a ras de muros
a ras
estrecha vientos
cauces
armándose en la
piedra cimiento
donde regresar
bajo
un peso de
luces
se extiende
o
llanos
verticales sobre sí
de sí sustenta
se hace signo en
los vidrios
oh
remontar túmulo
filo ritual
calma certidumbre

asibilar

o repetición
que hila sin
cesura

adentrarse pétreo
incurrir
en vacío

en blanco límite

contra el hueso
a un
golpe
y todo
azar

en
el
vidrio
re
cala
la
raíz
del
trazo
el
mutismo
descarne
de
las
ramas
de
cima
a
valle
a
un
soplo
vue
la
hollín

que decir
nada queda
desbastarse
hasta el
instante mundo
el instante coágulo
y su
encierro

rigor de los ciclos
o dejar
de ser certeza
espacio
para el extravío

horizonte sarcófago

donde vislumbrar
la trama réplica
del tacto
si al urdir la
fábula

si
al acecho
si
acordar

cada gesto
un molde
celaje
faldón
de agua

descá
ma
se
corteza

al elevarse
gárgola

hierro albo
y su acomodo
en la piel

su huella
al despensar

cuanto cierra hermético

en blanco
yermo
en humedal creciente

si por bien es decir cundir

o el silencio tras la barbacana
se vierte
cadmio
si por bien es decir por siempre
y cuerpos su providencia
su amalgama de alientos

su soplo

rescoldo de floración
el cimiento hasta la
arpadura

es decir acaecer

si por bien la semilla
y su verdumbre

aguzar
el silbo
hasta abatir

alancea abacial

réplica frontera
donde zafarse

donde resistir bastión

bosques
lab
erintos
para el
regreso
luego encimar
la palabra
luego huella sedal

sin
término

entre grises
de humo
o línea predela

al tornarse
manto
de vaho

orillas y varadas

para sí encorar
para sí el deslustre
o vale por
deslumbramiento

por golpear
amolar
vale por
lienzo
de estrellas

trasiego
el sesgo
si componer

si en límites contornos
la tierra fértil

la trasposición

atorarse en
los recodos
evocado
y único

arribar
entre aguaceros
como prender
en las vidrieras
para la
desmembración luego
amalga
ma
quehacer de la
tarde su tintura

o es un cielo distinto
sus restos
semillas
contra la tierra
y en espera

verterse lá
bil aliento
trigal en
las copas
crujir
de nidos
como pez en alba

juego

viso
luciente

o lapso
donde desagregar
descampar

entre
muros

cuando la noche
en vetas
para
el sueño
el hálito

su último
compás

su pesantez

de escarpas
embravece

de voces

briznas
crepitan
la materia dúctil
el afloramiento

quién
los deseos
luego de la marcha
crispa cabellos

que son ríos silbo crespón

párpados caídos ríos

dilatando en copa
en mar
redondo

nube
fuese divisa
pausa
y
seña

al
trav
és
su orbe

como hilos
enhe
bra acero
en la brasca

en vuelos ventiscos

la presencia
el desvaír
tras el embate

si decir
por siempre
si decir piélago

rumor
de espera

entre sonido
y gesto
su flujo de sombras

hilo sedal letanía

membranza
y no se divisa fin

significa cuerpo
que se desata
en agua
enverdir

significa

manto germinativo

silencio
en tránsito
hasta tornarse
cal
silencio hasta
combarse bóveda

mapa del
vacío
juego
instrumento
del viento

abalorio su
tintineo
repliega en fárfara
o
lucernas
que ascender

humanarse y al
resguardo
si
los intersticios
la afinación

de la sajadura
mana
y órganos laxos las
cuencas trasponer

vértigo rompeolas
la dilación la oquedad
así cendra
para apurar
la llama
así encrucijada salvaguarda

cuanto enmudece
se muestra
solo faz
glosa
de sombras
y blandir

consumarse
en el reverbero
y su deleite
el sudor
su
cauce

o luminar
se abre
álzase
en cerco
fragor reciente

lugar
altar
su certidumbre

eslabón
contra el
pedernal
y quién habitar

quién
el
mar
o
es
mar
de
nadie

de los caminos las
encrucijadas
el alumbramiento

como bruñir
grafito y al
desliz
campo sin término
sigilo de la
huella al rayar
el día

ah páramo ventanal
toque de campanas
desde el
abrigo de musgo

de humo en lo alto
devana el vacío
su rigor
de enjambre
su reguero
de cal

orilla donde
subsumir
enverar
los ojos
tras la escampada
la llama

poso fanal
acaece baldío
acaece
y
escape

adentrarse
en mar
quieto
loma resbaladera

y todo lugar
incurrir
todo
claustro
de luz

réplica
donde malograr
la voz
su ilación

afuera
y
tañendo
afuera
y
provisión

mundo cierto
engendra
ensueño
aguacero

vaso
cénit
don
de
ver
te
r
ten
tar
el
asc
ua
alba

de reminiscencias
encarnece

luz primera y última

blanco
corneal
la estela
clausura
el pár
pado su
encierro

bajo la
quema
el brote rojo

hojas
borbotan
en lengua de
tierra
por mejor
recibir
la tersur
a
oscuridad

crisol es revertir
es acopio
esfera de horas
nómadas

donde rendirse
solo y en vano
solo y concéntrico

es
roca despeñadera
cenobio que clarea
redondo
eco
todo demora

en su extinción

en el paso
por cumplir

en oquedad mineral
en siembra

blindaje piélago
o
flor de los
veinte pétalos

sus dedos patas febriles
inquieren
frente a otros
puertos otras escarpas

entre pliegues
arde
su juntura
la zozob
ra
en los límites de
lo pronunciado
hasta la
fractura
el des

compás
apurar
la letra
contra la sed

exterior claustro

sima frontera
se desgrana pedernal

piel límite
el tacto
de su cal
suave

tras lo que resta
la palabra cierta
la palabra invocación

tras lo despensado

en sus alas
presiente luto

gorjeo

en el oído
nido

velando mares secos

bajo negras bardas
desarbolar
entorchar

en sesgos de lluvia

como de la brecha
mana
lo arrumbado

como vuelve
a lo oculto

según decae en horizonte

en costra ciénaga
en cauce
tajar

al tanto
de los ciclos

de un final
ya incubado

allí donde
son
a
romper
los días
cobijo espejo
o
muro pleamar

arde en silencio el
bosque
como lanas de cardo
trenza el sol

si la hora del pájaro

del orbe
caído

cuando una certeza
de desangre
en sus reflejos

donde es término
razón de lo posible
jueg
o de
quie
bro

el tacto surco
los hielos
con que enjoyar
la llaga
sus orillas
sus mellas

la llaga

armadura de nubes
viguería
contra el lecho

tierra franca
llama
que hacia
sí
mana

mar cenital
mundo
perdido

en las nervaduras

favor de
vientos arrecifes
o
baquear
de estrellas
sus
fra
guas
sus
linderos

filo surco

refluye

es centro
vislumbrado

volumen
en ciernes
penumbra
de boscaje

así
el
hu
e
so
su
sil
bo
de
vie
n
to

refugios cresterías
espejo
sin
exterior

sin
fruto

en
sí
concluye
y
causa
de
sí

deslumbre
y los ojos
vientre
para gestar
la
luz

ovillos laberintos
donde
revivir

llanos la
desarboladura

el alanceo

al caer
en brazos oleajes
en nubada
de granito

contra el entramado
su masa
voladiza
el páramo
cementero

cortinada
hasta fulminarse

dédalo
donde
extinguir el día

y su livor

festones
cortafuegos
su asomo
de fulgor

el cuerpo
en
fra
gua
se
suc
e
de
en
trance

roca tajadera
con que solear
colmar
el cristal
vacío

cegar
la pupila
con
su
mar

pertrecho de las horas
vestigio ritual

ensalmo
de lunas
nómadas
su membrana ciénaga

su oleaje

así en los intervalos
el surgimiento

siquiera muerta

taja
de
faz
visión
de lo
por
venir

incuba punzante

cim
bra
de nubes
clarean
landas verdes

a un golpe

hundir
se
embatirse
contra
el fondo
sementero

vacío caudal

ríos
en vilo
columnario

irrumpe
fértil
en torno
al sueño

cabello
con que
embozar

por arte
de fábula
por la palabra
al romper

si adentrarse
en mares claustros

si con mil
patas batirse

sima ramaje
donde urdir la espuma
entorchar el
tímpano semillero

donde arraigar
cenagal azul
luz de
mañana engrosa

quién
dirá el encierro
quién dirá
la ofuscación
el despensar

quién agonizar

si con el
sol en
los ojos
si con el rubor

labor de insomnio
sus fronteras

venaje amasijo
se conforma
glacial

hasta acantilarse
en ojo trinchera

en lengua bastión

la comisura
labra
el
hon
d
o
de
sus
brillos

la sutura
su dulzor

subsumir

lomo de
pez
loma grisalla

tras acometer

tras la palabra
al cerrarse
en yema

en quietud roquedal

su engarce

henchido mundo
va en
ciernes
en siembra de
rutilo

el rescoldo
su enjambre
lo que produce
el ardimiento

el temblor

azul rectángulo
golpea vaho

techo de
musgos
mares descampados

donde fondear
donde herméticas
flores
su aparejo
la hendija
hervor de espuma

retorno sin pausa
retorno

certeza
de porvenir
se agolpa lápida
se cierne tupida

antes del brote

omisión
del gesto
y enmarar

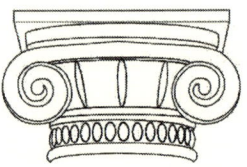

es de mares y réplicas es la sombra desliz
el pálpito de lluvia o su quiebra la fuga
se dice el acomodo en la piel explanada
se dice un temblor de palabras su colmena
es el paso resquicio es el agolpamiento
el vuelco lucernario el rastro por llegar

se vence en el ensueño se adentra en tierra inmóvil
golpeo dúctil o enjambre hasta engendrar
hasta el presentimiento y quién dirá volver
qué la nubada ciega nidada donde bulle
luego ecos por rendir o música de mares
es la hora frágil su demora en el descenso

decir alzarse cóncavo o en comba de cristales
lo que en remanso arraiga y su geometría
así el apoyo de agua o viento terraplén
así luminar y alas luego el vano la brecha
cuanto el espejo acoge el roce de su tela
devuelve la mirada buril nace y se pierde

la imagen o su ráfaga lo que arde en sus esquirlas
dice es blandir en bardas acero el horizonte
es su resbalamiento carcoma hasta expirar
la siembra el estallido abajo el campo ciénago
su lenta cortadura el plácido desangre
dice a la luz germina no todo lo que aguarda

es el nombre el refugio la marcha silenciosa
es la dura escollera de niebla como guía
en un ir y venir en sí en alba cisura
vuelta y faz o la cima a yunque percutir
es el tensar de tímpanos luego un abrirse en pozas
así el deslizamiento ser en rumor trigal

a modo de acechanza o por sus diferencias
si el rumbo y la distancia la línea de escape
en donde anochecer o hallazgo de sus lunas
mirada que disipa un diámetro de niebla
de tiempo y la señal que muda en el vacío
que se abre a prados rasos a cauces cicatrices

retorna exiguo el mar y el tacto fluye adentro
derrama en espirales socava la raíz
sus huecos claustros o la nube apaga el hielo
se fragua en armazón olvido si remanso
de vientos asideros de labios horizontes
el fértil lucernario la fárfara dorada

furtivo observador reposo en lo que efímero
desdice su existir en lo que traba en vuelo
oh túmulo que acoge o velo funeral
como ascuas aluminio como en mares eriales
responso un cimbrear de cabos largo el son
de las campanas cuando elevan sus mareas

espejo en torno si colmar si la extinción
o es un cuadro a propósito de aquel que solo observa
después acomodarse baldío entre la fábula
y el sueño su recuerdo en el acunamiento
la fábula que arrulla los ojos avisperos
un vértigo de osario fulgor que sobrevuela

fuese en rumor de salmo o en los pasos ocultos
demora su existir se ovilla en gromo fuese
bogar en mar mucílago y qué se eleva en fiel
qué en campos verticales alienta vidrio alerta
por cuanto ha de llegar por cuanto ensancha hermético
en la retina noche que se detiene en molde

si la veta al romper avienta en los ramales
se dice adormecer se dice simular
la córnea su rumia la imagen movediza
si como espuma encostra recalca transparencia
el pájaro un esbozo de voz o la angostura
su mímica el apremio de rumbo de final

meseta que circunda o es un mar siempre en fuga
los gestos sus relieves su tedio de salmodia
es el envés nervado la urdimbre que en cimiento
asienta que penetra raíz se afianza enjambre
palabras son indicios son el curso caudal
las voces pasajeras voladas de graznidos

cobijo entre las rocas dice o sala claustral
letargo de las huellas de los ojos a lo alto
espuma filigrana y fuste abierto en muescas
        así cerco perfil compás a martilleo
así templar latidos el hueco que los bruñe
cegar los intersticios crisol de hielo desvelo

decir el fragor que se allana que se aquieta
lacustre sol al ras dispone la partida
y cuanto se estremece si afán de enceguecer
o trance de inminencia después por desventar
por dar tañido al hueso por llama en faz durmiente
el piélago su fruto pupila su tiznada

avanza parsimonia de la sombra la tarde
y arde en las cresterías como es en el origen
como el temblor revive al vidrio si encandece
si nítido el confín en lo alto traza grises
a su vez intocado o dócil se consuma
ciñendo según forma según nuevo propósito

adentro noche adentro en sierpe o si alcanzar
refugio de ojos mansos o torno de punzón
si cuanto se trasluce bajo el nervio nidal
la nube su faz contra el páramo la lluvia
contra el aire que viene al tizne y oleado
al vuelco su simiente en el barro babel

según repica lento sin mella en las aristas
según cae en vacío o fuese disgregar
decir soltar sobre el acero su silencio
su atisbo de tabaco de lumbre en las paredes
según el aire llega petróleo del puerto
según entrañamiento en ramos el avance

la lluvia su bullicio ingrávido al comienzo
del día así extensión como es música y forma
como es lumbre raudal boscaje nervadura
así entre gesto y causa se ensueña se devana
en cúmulos albares en réplica de espejos
como es el parpadeo la vuelta el contraluz

tornándose la senda en seda blanca abrirse
paso en pliegues de tierra en un golpeo de alas
de patas al unísono el trazo dócil de humo
es el cuerpo que amaina que se rehace en lapso
a hilazas desvendar el día desramarlo
o quién de tiempo en tiempo a imagen de existir

espira es revertir hasta el acabamiento
entrega hasta sumirse en el rasgar del tímpano
la inercia que desata el tacto su blandura
como el nectario muestra su vientre de dulzor
como al entretejer la herida los destellos
después recomponerse concéntrico sin fin

en el rumor del filo en su corte metódico
aflora como médula de espuma su tintura
a un mismo tiempo o fuese azar en la secuencia
en la corriente que discurre hasta el origen
un viento de semillas y vuelta a su reflejo
bajo el fondo de templos de azules germinales

avanza el día sol mediante en su lugar
predela en su lugar llanura salvaguarda
es la membrana al ser pulsada su tensión
cimiento calicanto en la córnea arraiga
es el fértil continuo rumor fuelle de sierpe
de naves en hilera de rocas al través

decir el parpadeo cegar los intersticios
decir pozo fachada su senda la arpadura
de la luz a la sombra en mínimos finales
decir romper la cáscara del frío su caricia
un tiempo que se aplaza lindero que rehúye
a fuego a garfio templa el paso al desandar

adonde todo llega mustio a romper en turba
en frente roquedal así huellas por seguir
susurro de colmena de arena caldeada
su tránsito a la base del ojo se remansa
o fuese renacer en el tedio del aire
del rostro que se riza que se perfila en hueco

durmientes si por el color se desentraña
se sigue en hojarasca se dice desplegar
hervir el lacre en la herida sus escarpas
si en parte anochecer hacer pie en el insomnio
la orilla su sutura de pasos el destino
espada tajamar batanes a la espera

como es establecido en el azar un código
como al truncar la forma y luego rehacerse
volver donde el deseo se incuba el movimiento
así el nervio se extiende en la piel en los ojos
así la resistencia del gromo a desplegarse
de los cuerpos en sombra de cuanto es transición

lugar de acopio dice o lienzo de grisallas
su pauta de mareas su término de bruma
de juego fatuo fuego con que lavar la tierra
ovillo la pupila es muro confinante
es la raíz que indaga la noche sus raudales
plano y fuga los cúmulos de aliento el desdecir

en luces de bocana o réplica de estrellas
rumor para el arraigo preserva las estancias
como al pulsar la cuerda la hondura de los sesgos
como el viento horizonte las naves al partir
así la pauta de color su limpidez
el velo del aliento sobre el cristal el signo

decir remonta enjambre lugar de lo que oculta
de lo que permanece y se conforma al bies
decir hurgar el nervio inercia precipicio
donde es dado rendir morir en bucles fósiles
a su vez enfogar a su vez desvaír
juntura de ventalla sepulcro semillero

de la piel el rescoldo y de su claridad
estrella lanzadera con que tramar los hilos
o limbo de hojas mustias o médula del viento
cribar en coágulos en tacto de pupila
gota a gota ceder sus límites perfiles
su labio acuoso su saliva protectora

en tromba se desata o cuerpo de galerna
sobre el cristal irrumpe quiebra en huecos fulgentes
como arcos blande el sol como es en la corteza
de sal la piel su piélago y qué en la desmemoria
qué en la lengua presagios el filo sedimento
sigilo de espiral grafías sin propósito

la justa proporción después alzarse en cimbra
de nubes cumbre en lumbre alienta sus astillas
contra el ramaje indicios contra el llano arenal
urdiendo su tejido el mar vacío el mar
en soplo de rutilo tras las barras de luz
trasfondo de sus pozas de su cúmulo costra

y no fuera volver no en filos pedernales
canal del sol irrumpe caminos arrecifes
decir caudal decir alcor y su ardimiento
contra el borde despliega contra el envés la réplica
si de los ojos glaucos sus párpados encostra
si en su páramo velo hacia el fondo copal

el hábito el encierro o aviva manantial
quietud incurre solo indicio su labor
de acopio para quien observa y traba imagen
para el que se arracima acero y en la noche
un pozo la retina la celda arboladura
su lecho movedizo madeja albo celaje

corriente abajo ocultas y a un tiempo a la espera
donde es indicio y signo fulmina restallar
donde abre en fauces tiembla el día dentelladas
su ejército su dulce morir la calidez
del párpado o esquirla fulgor de cortadura
estepa nebular el paso tras el vidrio

a golpe de espolón a plomo así que llegue
largo el frío un silencio de fosa dice de hiedra
el fósforo en los ojos en el forjado de agua
así que el árbol vuele su nube negra que
al mar sus velas blancas a la noche sus lunas
así que el viento lleve la sal a su contorno

el número su criba espacio figurado
o fuese ensanchamiento prender la voz el nombre
que lo es la encostradura como el ensueño aviene
a fuerza de derrumbe como el tiempo su anclaje
si cuanto es hecho al hábito apura en la demora
se aviva en el reverso apremio en el azar

decir contracorriente su baile de hilos cuenco
que encierra el mediodía que se bate entre rocas
así el sol endurece durante la lanzada
así todo al través todo a su paso cierto
decir semilla de agua decir nube trigal
bocana sajadura o voz que lo acompaña

la lumbre en el galpón y la bombilla turbia
corteza copal arma los muros el encierro
el cuerpo si exponerse hasta el vacío así
hasta el dulce sangrado hasta el alunamiento
cuanto es en vuelo se agolpa en resplandores
de fragua ojos de gato trepando sobre el mar

Índice